Género Ficción realista

I0902706

Pregunta esencial

¿Cómo ayudan las experiencias compartidas a adaptarse a los cambios?

Castillos en la playa

Manuel Fernando Camperos • ilustrado por José Rosero

Capítulo 1
El viaje a la playa 2

Capítulo 2
Castillos de arena 7

Capítulo 3
El concurso 13

Respuesta a la lectura 15

LECTURA COMPLEMENTARIA **La edad dorada de Hollywood** 16

Enfoque: Género 19

Capítulo 1

El viaje a la playa

Alejo y su familia han vivido toda su vida en un lugar rodeado de montañas. Su papá, Malik, trabaja durante el día en el pueblo cercano. Su madre, Zoraida, moldea arcilla en un taller de su propiedad. Allí vende sus creaciones y da clases a niños y adultos. Cada día, al regresar de la escuela, Alejo hace la tarea. Luego sale a jugar por los alrededores de la casa.

Con frecuencia va de expedición a la montaña, con sus papás. Le encanta observar los peces de colores en el riachuelo. También disfruta de los ruidos que hacen las pequeñas ardillas mientras recogen bayas con sus patas delanteras. Pero lo que más le gusta de esos paseos es correr cuesta abajo por las colinas hasta quedar agotado. ¡Es muy divertido!

Todos los años, Alejo y su familia van de paseo a una reserva natural. Organizan el viaje cuando el verano está por comenzar. Así que, durante todo el año, Alejo se imagina descubriendo nuevas especies de insectos o cantando con sus papás al calor de una fogata.

Un día, Malik se sentó a la mesa. Le costaba ocultar su felicidad. Alejo sospechaba que la sonrisa de su padre se debía a que todo estaba listo para el gran viaje a la reserva natural.

—Papá, ¿por qué estás tan contento? —preguntó el pequeño esperando la gran noticia.

Su padre lo miró.

—Alejo, te tengo una gran sorpresa —dijo—. Este año haremos algo diferente. ¡Iremos a la playa!

Alejo estaba asombrado y un poco temeroso. Nunca había ido a ese lugar. Obviamente, tampoco conocía el mar. Zoraida sí estaba muy contenta. Hacía muchos años que no escuchaba el sonido de las olas ni sentía la brisa del mar.

A la mañana siguiente, Alejo fue al taller de su mamá. Ella estaba decorando un hermoso garrafón rojo con motivos florales. El sonido de la madera quemándose en el horno creaba un ambiente agradable y cálido.

—Mami, ¿puedo preguntarte algo? —dijo Alejo asomándose por la puerta como un pequeño ratón.

—¡Claro, hijo! ¿Qué sucede? —respondió, dejando a un lado el pincel y el garrafón para escucharlo con detenimiento.

—¿Por qué no vamos a la reserva natural como todos los años? —preguntó el niño.

Zoraida, al ver la preocupación de su hijo, respondió:

—¿Ves esa ardilla por la ventana? Normalmente busca semillas y frutos en un mismo lugar, pero a veces le gusta explorar sitios nuevos. Así logra encontrar otros alimentos. Como las ardillas, a las personas les gusta cambiar de vez en cuando su rutina para vivir nuevas experiencias. Eso es lo que quiere tu papá. Que tengamos una nueva aventura familiar. Ya verás cómo nos divertiremos.

AHORA COMPRUEBA

¿Qué ejemplo utilizó Zoraida para explicarle a Alejo el cambio de rutina?

Alejo se quedó mirando la ardilla por un momento. Entendió lo que su mamá le quería decir. De repente, su temor se convirtió en alegría y comenzó a entusiasmarse con esta nueva aventura.

El niño, en agradecimiento, le dio un enorme beso a su mamá. La acompañó en su taller toda la tarde. Allí le ayudó a moldear objetos de arcilla de muchas formas. Mientras tanto, ella se encargaba de llevarlos al horno para que se cocieran.

Llegó el momento del viaje. Alejo no podía ocultar su emoción. ¡Había preparado su maleta una semana antes! Casi tuvo que suplicar a su padre para que salieran lo más temprano posible. No sabía qué esperar de la playa. ¿Se vería más grande el sol? ¿Es tan enorme el mar como dicen? ¿Será cierto que en los caracoles marinos se escucha el sonido de las olas? Todas estas preguntas rondaban su cabeza. No podía esperar para encontrar las respuestas.

Así que, una vez empacaron el equipaje en el auto, iniciaron la travesía rumbo al mar.

AHORA COMPRUEBA

¿Cuándo preparó Alejo sus maletas?

Capítulo 2

Castillos de arena

El viaje le pareció eterno a Alejo. La familia había cantado una infinidad de canciones. También había inventado una gran cantidad de juegos para distraerse. Pero eso no le quitaba al niño las ganas de ver el mar cuanto antes. Al final de la tarde, cuando estaba pensando que nunca iban a llegar, una gran mancha, azul y naranja, comenzó a emerger por la ventana del auto. Era lo más grandioso que Alejo había visto en su vida. Los colores le parecieron hermosos. Eran casi tan bellos y tan vivos como los de las cerámicas de su mamá. Al llegar la noche, se detuvieron para descansar. A la madrugada siguiente, continuaron su camino. A pesar del agotamiento, Alejo no veía la hora de caminar por la playa y sentir la arena bajo sus pies.

Al fin llegaron. Alejo, Zoraida y Malik se fueron rápidamente a la playa. Al principio, el niño, un poco temeroso, no se atrevió a entrar al agua, pero sus padres lo animaron. Él sabía que podía confiar en ellos para dar ese gran paso.

Alejo se sorprendió porque el agua era salada, muy diferente a la de los riachuelos de la montaña. Sin embargo, lo que más llamó su atención fueron los hermosos castillos de arena. Los niños los construían a gran velocidad. A pesar de eso los hacían con tanto detalle que cabía pensar que eran réplicas de construcciones famosas. Aquellas fortificaciones le fascinaron.

"Voy a intentar construir mi propio castillo", pensó.

Mientras sus padres descansaban tranquilamente, bajo la sombrilla, Alejo comenzó a dar sus primeros pasos como constructor de castillos de arena.

—¡Manos a la obra! —dijo Alejo deseoso de iniciar.

Lo primero que hizo fue buscar un sitio para construir el castillo. Encontró un espacio cerca de la orilla. Le pareció perfecto para su obra arquitectónica. Con un balde y una pala comenzó a levantar los muros. Sin embargo, su obra no duró mucho tiempo en pie. Las olas juguetonas la derrumbaron rápidamente.

No se desanimó. Hizo borrón y cuenta nueva. En un dos por tres, inició nuevamente su construcción en un lugar más apropiado. Sin embargo, la arena era muy dura. Allí no logró construir un castillo tan grande como lo imaginaba. Al tercer intento, el viento jugó en su contra, soplando con fuerza. La arena terminó sobre su cabeza.

"Vaya, hacer castillos de arena es más difícil de lo que creía", pensó el niño, mientras sacudía la arena de su cabeza.

De repente, Alejo escuchó una voz a sus espaldas:

—¿Quieres que te ayude a construir un castillo de arena?

Era Carmen, una niña de ocho años que había visto los múltiples intentos de Alejo por construir un castillo.

Detective del lenguaje	**¿Por qué la oración subrayada está encerrada entre comillas?**

Alejo aceptó su ayuda. Ambos trabajaron pacientemente bajo la mirada atenta de sus padres. El resultado fue un hermoso castillo de arena.

Durante las vacaciones, en un gesto solidario, Carmen le mostró nuevas técnicas de construcción a Alejo. Y él le enseñó a moldear arcilla, tal y como lo había aprendido de su mamá.

AHORA COMPRUEBA

¿Cuántos intentos hizo Alejo para construir un castillo de arena? ¿Qué ocurrió en cada uno de ellos?

Con el paso del tiempo, Alejo adquirió más habilidades en la construcción de castillos.

Un día, mientras caminaba con su amiga Carmen cerca de la playa, vio un cartel. Este anunciaba el concurso anual de castillos de arena de la ciudad. Inmediatamente, ambos les pidieron a sus padres que los inscribieran en este certamen. Los niños estaban emocionados pues iban a competir en la categoría de equipos de 8 a 10 años.

Detective del lenguaje	**Busca un adjetivo demostrativo en esta página.**

Capítulo 3

El concurso

El día del concurso, la playa estaba colmada de gente. El sol brillaba con fuerza. Constructores de castillos de toda la ciudad se reunieron con el fin de demostrar sus habilidades. Entre ellos se encontraban Carmen y Alejo.

Los jueces dieron la orden de inicio. Todos comenzaron a trabajar rápidamente. Alejo y Carmen se divertían a montones. Querían que el suyo fuera el castillo más bonito y el mejor construido de todos. Empezaron por excavar un profundo foso. Luego, ensamblaron delicadamente cuatro torres y las murallas externas. Después, construyeron un pequeño puente.

Hacia el medio día ya habían logrado armar casi la mitad de su castillo. El tiempo se agotaba, pero a los chicos no les importaba en absoluto. Se divertían en grande. Levantaban los muros internos e ideaban la mejor fórmula para hacer los techos de su maravillosa construcción.

Faltaban pocos minutos para finalizar el concurso. A Carmen se le ocurrió una idea brillante: decorar el techo y parte de las torres con pedazos de arcilla de colores. Comenzó a amasar rápidamente la arcilla. Luego la colocó en los lugares indicados con la ayuda de su amigo.

El tiempo terminó. Los jueces empezaron su ronda de evaluación. La decisión fue muy difícil. Había muchos castillos de estilos diferentes. Todos eran realmente hermosos. Al final eligieron el de dos niñas de 10 años. Su castillo tenía un resguardo para cangrejos ermitaños. Sin duda se merecían el primer lugar. Carmen y Alejo no ganaron el concurso, pero, para ellos, su amistad era el mejor de los premios.

Respuesta a la lectura

Resumir

Usa los detalles más importantes de *Castillos en la playa* para resumir el cuento. Puedes utilizar el organizador gráfico como ayuda.

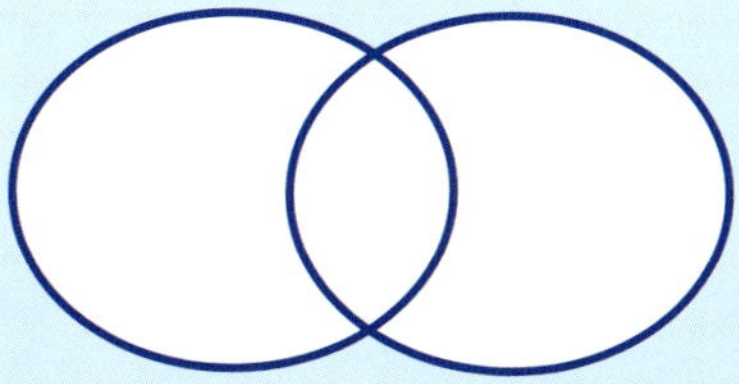

Evidencia en el texto

1. ¿Qué características te ayudan a identificar el cuento *Castillos en la playa* como ficción realista? **GÉNERO**

2. Compara y contrasta las diferencias entre Carmen y Alejo. **COMPARAR Y CONTRASTAR**

3. ¿Cuál es el significado de la frase "borrón y cuenta nueva" en la página 10? Usa claves de contexto para encontrar su significado. **MODISMOS**

4. Escribe sobre un viaje que hayas hecho a un lugar que desconocías e incluye las expectativas que tenías del lugar. **ESCRIBIR SOBRE LA LECTURA**

Género **Texto expositivo**

Compara los textos

Lee acerca de cómo ir al cine ayudó a las personas durante la década de 1930.

La edad dorada de Hollywood

La Gran Depresión fue una crisis financiera mundial. Se extendió desde 1929 hasta 1939. Fue una época de gran ansiedad y pobreza. Muchas personas se sentían apenadas e impotentes.

Fue un tiempo sombrío en el que las películas brindaron un espacio para que la gente se reuniera y escapara de la dura y triste realidad.

Antes de la Depresión, las películas se filmaban en blanco y negro. El sonido provenía de música que se tocaba en vivo, en el teatro. A finales de la década de 1920, los estudios cinematográficos fueron capaces de realizar cine sonoro con música, efectos de sonido y diálogos. Estos avances mantuvieron la popularidad de las películas, incluso durante la Depresión.

Durante la Depresión, algunas películas reflejaban la dureza de la época. Por ejemplo las de gánsteres, que mostraban violencia y miseria.

Sin embargo, otras eran musicales y películas románticas que mostraban un mundo diferente. La comedia de enredos también se volvió un género popular. Eran películas con tramas inesperadas, diálogos ingeniosos y romances insólitos.

La Gran Depresión

Generalmente, se afirma que la Gran Depresión empezó en Estados Unidos el 29 de octubre de 1929, cuando colapsó el mercado de acciones. Muchas personas perdieron grandes cantidades de dinero cuando el precio de las acciones se fue a pique. Algunos negocios se cerraron y miles de personas perdieron sus trabajos. El desempleo alcanzó el punto más alto de todos los tiempos en 1933, cuando el 25 por ciento de la mano de obra del país estaba sin empleo.

Durante la Gran Depresión, se volvieron comunes los comedores de beneficencia. Allí se servía comida a las personas que no podían comprar alimentos.

Algunos teatros construidos entre las décadas de 1920 y 1930 eran magníficos. Se les llegó a conocer como "palacios del cine". Tenían asientos de tela afelpada, telones de terciopelo y decoraciones en oro.

Para atraer espectadores al cine, algunos teatros hacían ofertas especiales; otros, ofrecían "Bank Nights" y daban premios en dinero.

Antes de la película principal, se presentaba por lo general un noticiario corto y dibujos animados. A veces se incluían presentaciones de música en vivo. Una noche en el cine era un escape total de la vida diaria.

El Radio City Music Hall, construido en 1932, fue el teatro más grande en Estados Unidos en la época en que se abrió.

Haz conexiones

¿Cómo ver películas en comunidad ayudó a las personas a adaptarse a los grandes cambios en la década de 1930? **PREGUNTA ESENCIAL**

¿Cómo el cine en *La edad dorada de Hollywood* sacó a las personas de la rutina? ¿De qué manera salieron de la rutina los personajes de *Castillos en la playa*? **EL TEXTO Y OTROS TEXTOS**

Enfoque: Género

Ficción realista La principal característica de la ficción realista es que narra sucesos que pueden ocurrir en la vida real. Este tipo de relatos ocurren en lugares que pueden existir y sus personajes tienen características reales.

Lee y descubre En el cuento *Castillos en la playa*, la madre de Alejo, es su gran consejera. En la vida real, las personas cercanas pueden ser nuestras confidentes. Cuando les contamos nuestras preocupaciones, ellas ayudan de la mejor manera posible.

Tu turno

Nuevas experiencias traen nuevos retos. Escribe un cuento corto de ficción realista en el que un personaje se enfrente a una experiencia nueva. ¿Dónde sucede? ¿Cómo enfrenta el personaje esa experiencia?